Salsas
para pastas

DIRECTORA DE COLECCIÓN: TRINI VERGARA

CHEF: PÍA FENDRIK

FOTOGRAFÍA: ÁNGELA COPELLO

V&R
EDITORAS

COCINAR PASTAS Y SUS SALSAS:
FÁCIL, PERO CON ALGUNOS SECRETOS

Un plato de pasta con su salsa es una de las comidas más fáciles que
se pueden elegir; más aún si esa pasta, seca o fresca, ha sido comprada
ya hecha. Además de ser una propuesta sencilla y rápida, puede ser
creativa y muy placentera, pues será aplaudida y saboreada por todos.
Sin embargo, es frecuente tropezar con algunos problemas:
que el punto de la pasta no sea el adecuado, que la salsa no alcance
o que se enfríe antes de mezclarla con la pasta. He aquí algunos consejos
que le garantizarán el éxito.

MEDIDAS, CANTIDADES, CALIDADES

Calcular 100 g / 3 $^1/_2$ oz de pasta seca por persona, o bien, 150 g / 5 oz
de pasta fresca para cada comensal. Todas las recetas de este libro
han sido calculadas para 500 g / 17 oz de pasta, que es la medida clásica
del paquete de pasta seca, por lo tanto, esta cantidad es suficiente para
5 personas. Si la salsa es muy sustanciosa, puede alcanzar para
6 personas. Utilizar 4 litros de agua para cocinar 500 g de pasta.
Siguiendo esta proporción, se puede adaptar la medida de agua
a la cantidad de pasta a cocinar.
La pasta se encuentra "al dente" justo cuando la masa se vuelve
transparente y ya no se ve el centro crudo, todavía opaco o blanco.
La pasta seca de mejor calidad está hecha con harina de trigo y agua,
no al huevo. Si compra esta última, prefiera fideos presentados en nidos.
En cuanto a la pasta fresca, siempre es mejor comprarla en algún lugar
de mucha demanda; esto garantizará que haya sido preparada ese día.

LA ORGANIZACIÓN DEL TIEMPO

Antes que nada, deberemos calcular el tiempo que llevará toda la preparación: si la salsa es **de cocción rápida**, **de tiempo intermedio** o **de cocción lenta**. Para facilitar este cálculo, las recetas han sido clasificadas en esos tres tipos. De estos tiempos depende el momento en que se debe echar la pasta al agua, lo decisivo para que todo salga bien.

En segundo lugar, organizaremos la puesta a punto o "**mise en place**": reunir todos los ingredientes en la mesa, ya procesados en la forma en que los vamos a usar (los vegetales limpios y picados, todo medido y pesado, etc.).

El queso rallado es indispensable para acompañar las pastas. Lo ideal es un parmesano (o pecorino, o similar) rallado en el momento. Aconsejamos utilizar un rallador grueso y tenerlo listo antes de empezar a cocinar la salsa.

LA CLAVE: ¿PRIMERO LA SALSA O LA PASTA?

Si la salsa es **de cocción rápida (15 minutos)**, por ejemplo, el pesto, primero pondremos a hervir el agua en la cantidad necesaria. Teniendo lista la *mise en place* y el agua en el fuego, comenzaremos a cocinar la salsa.

Si la salsa es como la mayoría de ellas, **de tiempo intermedio (30-40 minutos)**, también pondremos primero el agua a hervir, pero calculando un poco más de la necesaria; luego comenzaremos a preparar la salsa, y unos 10 minutos antes de que termine su cocción, echaremos la pasta en el agua, que ya estará hirviendo desde antes.

Si la salsa es **de cocción lenta (más de 40 minutos)**, como la bolognesa, la prepararemos primero y, apenas terminada su cocción, bajaremos el fuego o lo apagaremos, dejándola tapada. Enseguida pondremos el agua a hervir y echaremos la pasta a la cacerola.

A la mesa: Los comensales deberán pasar a la mesa apenas hayamos puesto la pasta en el agua. En Italia se acostumbra a anunciar: *"la pasta è buttata"* (*la pasta ha sido echada*) como forma de llamar a la mesa.

Los tomates/
jitomates

Salsa de tomate/jitomate y albahaca

INGREDIENTES Y MISE EN PLACE

4 cdas. de aceite de oliva

1 ramita de canela

4 échalottes/echalotas/
escalonias* finamente picadas

2 latas de 400 g / 14 oz
de tomates/jitomates enteros
pelados, con su jugo, picados

2 cdas. de extracto de tomate/
jitomate

1 cdita. de miel

1 cdita. de pimentón/páprika
dulce

25 hojas de albahaca fresca
lavadas, enteras, o partidas
si son grandes

sal y pimienta

*Rinde para 5 personas
[500 g / 17 oz de pasta]*

* Si no encuentra échalottes, puede
reemplazarlas por 2 dientes de ajo,
aunque pierde el sabor más sutil
de la échalotte. Atención, el ajo
no debe dorarse.

*Esta clásica salsa de tomate, conocida también como "fileto",
es la preferida universalmente, además de ser la base
para muchas variantes creativas, a gusto de cada uno.*

PREPARACIÓN *[de tiempo intermedio]*

Calentar en una sartén grande el aceite de oliva, aromatizar
con una ramita de canela. Saltear las échalottes y una vez que estén
transparentes agregar los tomates, el extracto de tomate, la miel,
el pimentón, sal y pimienta. Cocinar tapada durante 20 minutos.
Si fuese necesario, agregar un poco de agua de cocción de la pasta,
para que la salsa no se seque. Retirar la canela. A último momento,
agregar la pasta ya cocida y escurrida, y las hojas de albahaca.
Revolver bien con dos tenedores o pinzas grandes para no romper
la pasta, y servir inmediatamente.

*Nuestra recomendación: esta es la salsa universal por excelencia, que acompaña
todo tipo de pastas, secas y frescas. Aquí la presentamos con fusilli (foto).*

Salsa fresca de tomate/jitomate

INGREDIENTES Y MISE EN PLACE

4 tomates/jitomates redondos

1 cda. de aceite de oliva

1 cebolla mediana picada

1 taza de tomates/jitomates cherry lavados y enteros

1 cdita. de azúcar

2 cditas. de orégano fresco picado o 1 cdita. de orégano seco

aceite de oliva

pimienta negra recién molida

sal y pimienta

Rinde para 5 personas
[500 g / 17 oz de pasta]

Esta salsa es una versión original y muy fácil de la clásica salsa de tomate. Ideal para prepararla en verano, cuando abundan los tomates cherry.

PREPARACIÓN *[de tiempo intermedio]*

Pelar los tomates *(ver más abajo)*. Retirarles las semillas y procesarlos hasta formar un puré. Por otro lado, calentar una sartén grande con aceite de oliva. Saltear la cebolla hasta que esté transparente y condimentar con sal y pimienta. Agregar los tomates cherry enteros y dorar. Incorporar el puré de tomates y el azúcar. Cocinar durante 5 minutos.

Cocinar la pasta, colarla y volcarla en la sartén con la salsa. Cocinar durante 1 minuto todo junto, revolviendo bien para integrar. Apagar el fuego y espolvorear con orégano fresco, aceite de oliva y pimienta negra. Servir inmediatamente, ofreciendo para espolvorear queso parmesano recién rallado.

Nuestra recomendación: *esta salsa es ideal para servir con pasta seca corta, tipo fusilli o penne rigate (foto).*

Cómo pelar tomates/jitomates
Hacer un corte en forma de cruz sobre la base. En una cacerola con agua hirviendo sumergir los tomates durante 2 minutos. Luego pasarlos a un recipiente con agua helada durante unos segundos. La piel se podrá retirar fácilmente.

All'Amatriciana

INGREDIENTES Y MISE EN PLACE

2 cdas. de aceite de oliva

1 cebolla finamente picada

200 g / 7 oz de bacon/
panceta/tocino en cubitos
o láminas pequeñas

2 latas de 400 g / 14 oz
de tomates/jitomates enteros
pelados, sin su jugo, picados

2 cditas. de romero fresco picado
o 1 cdita. de romero seco

100 g / 3 ½ oz de queso
pecorino desmenuzado*

sal y pimienta negra

Rinde para 5-6 personas
[500 g / 17 oz de pasta]

* Aunque el pecorino, queso
de oveja típicamente italiano,
es el "obligado", la salsa resulta
igualmente deliciosa con otro tipo
de queso semiduro, como el
parmesano o provolone.

Los italianos discuten el origen de esta famosa receta: unos sostienen que proviene de Amatrice, en los montes Abruzzos, en donde la carne de cerdo y el queso de oveja son los productos naturales de sus campos. Otros aseguran que es una receta romana, posteriormente "transportada"...

PREPARACIÓN *[de tiempo intermedio]*

Calentar una sartén grande con aceite de oliva. Saltear la cebolla hasta que esté transparente. Agregar el bacon y dorar. Agregar los tomates y el romero. Cocinar durante 15 minutos revolviendo de vez en cuando. Condimentar con sal y pimienta. Una vez que los tomates se desintegran, añadir la pasta ya cocida y escurrida, y revolver. Sacar del fuego y agregar el queso y abundante pimienta negra. Rociar con un chorrito de aceite de oliva.

Nuestra recomendación: la receta clásica pide para esta salsa los bucatini (spaghetti redondos, huecos en el centro), aunque acompaña perfectamente cualquier tipo de pasta seca larga, como tagliatelle, fettuccine o linguine (foto).

Mozzarella, tomate/jitomate y albahaca

INGREDIENTES Y MISE EN PLACE

1 cda. de mantequilla/manteca

2 cdas. de aceite de oliva

1 diente de ajo aplastado

4 tomates/jitomates o tomates perita cortados en gajos, sin semillas

2 tazas de bocconcini de mozzarella cortados por la mitad*

1 taza de hojas de albahaca fresca

sal y pimienta negra

Rinde para 5 personas
[500 g / 17 oz de pasta]

* Se pueden sustituir los bocconcini por mozzarella fresca cortada en cubos de 1,5 cm por lado, aproximadamente.

Simple, moderna y de gusto general, he aquí la combinación de los clásicos ingredientes de la cocina del sur de Italia, en una receta infalible. Servida en cantidad moderada, puede ser una excelente entrada.

PREPARACIÓN *[de cocción rápida]*

Calentar una sartén grande con la mantequilla y el aceite de oliva. Agregar el diente de ajo y una vez que se dora, retirarlo. Agregar los tomates y dorar. Condimentar con sal y abundante pimienta negra. Volcar en la sartén la pasta recién cocida y colada, y los bocconcini. Cocinar 1 minuto a fuego fuerte, retirar y espolvorear con albahaca fresca. Servir de inmediato, rociando la fuente o los platos con aceite de oliva.

Nuestra recomendación: *esta receta es ideal para servir con pasta seca, tipo tagliatelle o fettuccine (foto).*

Alla Puttanesca

INGREDIENTES Y MISE EN PLACE

2 cdas. de aceite de oliva

1 cebolla pequeña picada

2 latas de 400 g / 14 oz
de tomates/jitomates enteros
pelados, sin su jugo, picados

1 cdita. de azúcar

4 cdas. de aceitunas verdes
deshuesadas y picadas en trozos
gruesos

4 cdas. de aceitunas negras
deshuesadas y picadas en trozos
gruesos

6 anchoas cortadas por la mitad
o en tres, según el tamaño.

3 cdas. de alcaparras

4 cdas. de hojuelas de parmesano

sal y pimienta

Rinde para 5 personas
[500 g / 17 oz de pasta]

Esta colorida y sabrosa salsa debe su nombre, justamente, a esas características pícaramente asociadas a las mujeres de vida alegre, aunque la leyenda también la atribuye a las generosas comidas servidas en las casas de citas del Nápoles del Ottocento.

PREPARACIÓN *[de tiempo intermedio]*

Calentar una sartén grande con el aceite de oliva. Agregar la cebolla y dorar apenas. A continuación, incorporar los tomates, el azúcar, sal y pimienta. Cocinar durante 15 minutos o hasta que los tomates se desarmen. Agregar las aceitunas y las anchoas. Cocinar 2 minutos más. Volcar en la misma sartén la pasta recién cocida y colada, junto con un par de cucharadas de su agua de cocción y mezclar. Finalmente, incorporar las alcaparras y hojuelas de queso parmesano.

Nuestra recomendación: la tradición habla de los "spaghetti alla puttanesca", aunque también del genérico "maccheroni", por lo tanto, da gran libertad de elección. Aquí la presentamos con linguine (foto).

Tomates/jitomates cherry, bacon crocante y espinaca

INGREDIENTES Y MISE EN PLACE

200 g / 7 oz de bacon/
panceta/tocino en cubitos

1 échalotte/echalota/escalonia
picada

2 tazas de tomates/jitomates
cherry rojos

4 tazas de hojas de espinaca
lavadas y secadas

2 cdas. de mantequilla/manteca

sal y pimienta

Rinde para 5-6 personas
[500 g / 17 oz de pasta]

Diferente, para saborear contrastes y sorprender a los amigos.
Un plato ideal para servir después de una variedad de picadas,
tapas o antipasti.

PREPARACIÓN *[de tiempo intermedio]*

Calentar una sartén grande y dorar el bacon directamente, agregar
la échalotte y saltear hasta que esté transparente. Agregar los tomates
cherry y cocinar 5 minutos. Condimentar con sal (poca) y pimienta.
En otra sartén saltear las hojas de espinaca con la mantequilla y la sal.
Incorporar la pasta ya cocida a la preparación de tomates y bacon,
mezclar muy bien. Hacer un colchón de espinacas sobre el plato o fuente
y colocar la pasta encima.

Nuestra recomendación: *esta salsa es ideal para servir con pasta seca larga.*
Aquí la presentamos con tagliatelle (foto).

Los vegetales

Al pesto

INGREDIENTES Y MISE EN PLACE

60 hojas de albahaca

2 cdas. de piñones o almendras

2 dientes de ajo

1/2 taza de aceite de oliva

4 cdas. de queso parmesano* rallado

sal y pimienta

Rinde para 5 personas
[500 g / 17 oz de pasta]

* También se usa en esta receta
mitad queso parmesano y mitad
queso pecorino (queso italiano
de oveja) rallado.

En las casas tradicionales de la Liguria, el "pesto genovese"
(viene de "pestare", pistar o aplastar) se prepara en mortero
de mármol. Aunque hoy se ofrece envasado en los supermercados,
nada se compara al fresco sabor de un pesto recién hecho,
en casa y con ayuda del procesador...

PREPARACIÓN *[de cocción rápida]*

Colocar la albahaca, los piñones o almendras y el ajo en el procesador.
Agregar la mitad del aceite y procesar. Luego, con el procesador
en marcha, agregar el resto del aceite en forma de hilo hasta lograr
una emulsión estable. Colocar la preparación en un recipiente pequeño
y condimentar con el queso, sal y pimienta. Cocinar la pasta
en abundante agua con sal. Escurrir, volcar en una fuente precalentada,
agregar el pesto, unas 2 cucharadas del agua de cocción, y mezclar bien.

Nuestra recomendación: *esta receta es ideal para servir con pasta seca, tipo*
fettuccine o spaghetti (foto).

De la huerta mediterránea

Un plato fresco y colorido, de bajas calorías, ideal para un almuerzo liviano, o bien como entrada —en cantidad moderada— antes de un plato de carne. Es importante que los vegetales estén muy frescos y no cocinarlos demasiado.

INGREDIENTES Y MISE EN PLACE

1/2 taza de aceite de oliva

1 cebolla picada

2 cebollitas de verdeo/
de cambray picadas

1 pimiento morrón rojo cortado
en cubitos pequeños

1 berenjena con piel, cortada
en cubitos pequeños

2 zapallitos/calabacines
o zucchine/calabacines largos
cortados en cubitos pequeños

sal y pimienta

Rinde para 5 personas
[500 g / 17 oz de pasta]

PREPARACIÓN *[de tiempo intermedio]*

Calentar una sartén grande con el aceite de oliva y saltear primero la cebolla hasta que esté transparente. Luego unir todas las demás verduras y continuar el salteado a fuego fuerte. Condimentar con sal y pimienta y cocinar, sin tapar, durante 15 o 20 minutos. Revolver espaciadamente. Rectificar la sazón. Volcar en la misma sartén la pasta recién cocida y escurrida, revolver bien y servir con el queso parmesano espolvoreado por encima.

Nuestra recomendación: *esta receta es ideal para servir con pasta seca corta, tipo maccheroni o fusilli. Aquí la presentamos con chifferi (coditos).*

Zucchine, échalottes, menta y almendras

INGREDIENTES Y MISE EN PLACE

2 cdas. de aceite de oliva

2 échalottes/echalotas/ escalonias picadas finamente*

2 zucchine/calabacines largos cortados en rodajas muy finas

1 taza de almendras peladas, tostadas y picadas *(ver abajo)*

1 cda. de menta fresca apenas picada, o 1 cdita. de menta seca

sal y pimienta

Rinde para 5-6 personas
[500 g / 17 oz de pasta]

* Se pueden reemplazar las échalottes por una cebolla pequeña.

Una receta tan simple como original. Suavemente perfumada con menta, y sorprendente por el contraste entre las almendras y los zucchine. Un plato para una ocasión especial, o si queremos lucirnos y hay poco tiempo.

PREPARACIÓN *[de cocción rápida]*

Calentar una sartén grande con el aceite de oliva. Saltear las échalottes hasta que estén transparentes. Agregar los zucchine y dorar. Condimentar con sal y pimienta. Incorporar a la sartén la pasta recién cocida y escurrida. Retirar del fuego e incorporar las almendras y la menta. Servir espolvoreando con queso parmesano y un chorrito de aceite de oliva.

Nuestra recomendación: *esta receta es ideal para servir con pasta seca de formas especiales, como orecchiette o farfalle (foto).*

Almendras peladas y tostadas

Para pelar almendras fácilmente, sumergirlas 5 minutos en agua hirviendo, colarlas y pasarlas a un recipiente con agua helada. La piel se desprenderá con un poco de presión de los dedos. La mejor manera de tostar almendras es directamente en una sartén sobre el fuego, removiendo con frecuencia y cuidando que no se quemen.

Rúcula/arúgula, feta, alcaparras y aceitunas

INGREDIENTES Y MISE EN PLACE

4 cdas. de alcaparras

200 g / 7 oz de queso feta desmenuzado

1 taza de aceitunas verdes deshuesadas, cortadas por la mitad

2/3 taza de aceite de oliva

1 taza de hojas de rúcula/arúgula lavadas, secadas y apenas cortadas

pimienta negra

Rinde para 5-6 personas
[500 g / 17 oz de pasta]

Innovadora, por llevar los ingredientes típicos de la cocina mediterránea oriental, y sencillísima, por no necesitar elaboración previa. Es una receta ideal para cuando queremos improvisar con algo rico y de gusto general.

PREPARACIÓN *[de cocción rápida]*

En un recipiente, combinar las alcaparras con el queso feta y las aceitunas. Rociar con abundante aceite de oliva y condimentar con pimienta negra recién molida. Cocinar la pasta en abundante agua con sal. Colar y volcar sobre la preparación de queso. Mezclar muy bien y agregar la rúcula. Acompañar con queso parmesano rallado.

Nuestra recomendación: esta receta es ideal para servir con pasta seca, tipo penne rigate u orecchiette (foto).

Ai funghi/Con hongos

Los hongos permiten elaborar salsas muy creativas, ya que en cualquier combinación resultan deliciosos. Esta receta es especialmente sabrosa y completa, para ofrecer como plato único o después de una entrada muy liviana.

INGREDIENTES Y MISE EN PLACE

2 cdas. de aceite de oliva

25 g / 1 oz de mantequilla/ manteca

1 taza de hongos secos picados previamente hidratados en caldo de verdura y aceite de oliva

1 taza de champignons picados

1 taza de hongos portobello picados*

100 g / 3 ½ oz de bacon/ panceta/tocino ahumado, picado en cubitos

1 cda. de tomillo fresco o 1 cdita. de tomillo seco

1 cda. de orégano freco o 1 cdita. de orégano seco

200 ml de crema de leche

sal y pimienta negra

Rinde para 5-6 personas [500 g / 17 oz de pasta]

* Se pueden reemplazar por otro tipo de hongos, o por más champignons.

PREPARACIÓN *[de tiempo intermedio]*

Calentar una sartén con el aceite de oliva y la mantequilla. Cocinar los hongos hasta que estén tiernos y reservar. En otra sartén grande, saltear el bacon. Agregar el tomillo y el orégano. Incorporar los hongos. Agregar la crema y condimentar con sal y abundante pimienta negra. Cocinar la pasta en agua con sal. Escurrirla y volcarla en la sartén junto con la salsa. Mezclar bien y servir de inmediato.

Nuestra recomendación: *esta salsa, como en general las que llevan crema, es ideal para servir con pasta fresca. También combina muy bien con pasta seca ancha, tipo lasagnette, como la presentamos aquí.*

Con ajíes y verduras asadas

INGREDIENTES Y MISE EN PLACE

1 pimiento morrón rojo cortado
en cubos grandes

1 pimiento morrón amarillo
cortado en cubos grandes

1 cebolla grande cortada en aros

1 zucchine/calabacín largo
en finas láminas

2 zapallitos/calabacines
redondos en finas rodajas
y éstas, por la mitad*

2 tomates/jitomates o tomates
perita cortados en cuartos,
sin semillas

1 berenjena con piel, en finas
láminas y éstas, por la mitad

1/3 de taza de aceite de oliva

2 cdas. de azúcar

sal y pimienta

Rinde para 5-6 personas
[500 g / 17 oz de pasta]

* Se pueden reemplazar
por 1 zucchine más.

*El secreto del increíble sabor de estas verduras asadas es el toque
de azúcar en su cocción. Vale la pena tomarse un poco de tiempo
para prepararlas, ya que resultan, además, muy vistosas
y tentadoras cuando las combinamos con la pasta.*

PREPARACIÓN *[de cocción lenta]*

Colocar todos los vegetales en una placa para horno apenas aceitada.
Rociar con el aceite de oliva y condimentar con sal y pimienta.
Espolvorear con el azúcar y cocinar en horno moderado (180ºC) hasta
que estén caramelizados, aproximadamente 35 minutos.
Colocar en una fuente honda precalentada, agregar la pasta recién
cocida y escurrida, mezclar bien y rociar con un buen chorro de aceite
de oliva. Acompañar con queso parmesano rallado.

Nuestra recomendación: *esta receta es ideal para servir con pasta seca, tipo
chifferi, farfalle o rigatoni (foto).*

Esta preparación de verduras asadas
resulta también un delicioso antipasto,
servido a temperatura ambiente.

Corazones de alcaucil/alcachofa, hongos y tomillo

INGREDIENTES Y MISE EN PLACE

1/2 taza de hongos secos

1 taza de caldo de carne

2 cdas. de aceite de oliva

1 cebolla pequeña picada

1 cda. de tomillo fresco picado,
o 1 cdita. de tomillo seco

1 cda. de extracto de carne

2 tazas de corazones de alcaucil/
alcachofa (cocidos o en lata),
cortados en cuartos

400 ml de crema de leche

sal y pimienta

Rinde para 5-6 personas
[500 g / 17 oz de pasta]

El alcaucil o alcachofa es un vegetal típicamente italiano,
al que hacemos honor en esta receta, que gustará a todos
por los suaves sabores combinados. Se puede servir muy bien
como plato principal, después de una entrada de fiambres,
patés o frutos de mar.

PREPARACIÓN *[de tiempo intermedio]*

Hidratar los hongos en el caldo. Escurrir y picar, reservando el caldo.
En una sartén grande, calentar el aceite de oliva y saltear la cebolla
hasta que esté transparente. Agregar los hongos, el tomillo, el extracto
de carne y los corazones de alcaucil. Cocinar 5 minutos. Incorporar
$\frac{1}{2}$ taza del caldo de los hongos y cocinar 5 minutos más. Sazonar
con sal y pimienta. Agregar la crema y cocinar 5 minutos más.
Incorporar la pasta recién cocida y escurrida, y mezclar bien.
Servir con queso parmesano rallado.

Nuestra recomendación: *esta receta es ideal para servir con pasta seca corta,*
tipo penne, fusilli o maccheroni (foto).

Las cremas, los quesos

Fettuccine al triplo burro
(los verdaderos "Fettuccine Alfredo")

INGREDIENTES Y MISE EN PLACE

200 g / 7 oz de mantequilla/
manteca cortada en trocitos
y ablandada*

150 g / 5 oz de queso parmesano
rallado fino

4-5 cdas. de agua hirviendo
de la cocción de la pasta

sal y pimienta negra

*Rinde para 5 personas
[500 g / 17 oz de pasta]*

* Con frecuencia los "Fettuccine
Alfredo" se preparan con crema
de leche, aunque la receta auténtica
es ésta, sin crema.

*En la Via della Scrofa, Roma, existe desde 1907 el famoso
restaurante Alfredo, cuyo dueño se hizo célebre por este plato,
que él mismo terminaba en forma teatral: agitando un par
de cucharas de oro sobre unos delgadísimos fettuccine.*

PREPARACIÓN *[de cocción rápida]*

En la fuente en que se va a servir la pasta, previamente calentada,
trabajar la mantequilla ablandada, mezclarla con el queso parmesano,
sal y abundante pimienta. Agregar la pasta recién cocida y escurrida,
unas cucharadas del agua de cocción y revolver bien con dos tenedores
grandes (o dos cucharas, como la tradición) para que toda la pasta
quede bien cubierta. Servir con queso extra y pimienta negra.

*Nuestra recomendación: esta salsa debe prepararse con los legendarios fettuccine
(foto), cuidando de que sean muy delgados, especialmente si elegimos
pasta fresca. De todas formas, es deliciosa servida con tagliatelle, linguine
o spaghetti.*

Alla Carbonara

INGREDIENTES Y MISE EN PLACE

2 cdas. de aceite de oliva

150 g / 5 oz de bacon/panceta/
tocino ahumado en pequeñas
tiritas

4 yemas

150 g / 5 oz de queso parmesano
rallado

2 cdas. de crema de leche*

sal y pimienta negra

*Rinde para 5 personas
[500 g / 17 oz de pasta]*

* La receta clásica no lleva crema,
sin embargo aquí sugerimos agregar
un poco, para permitir la mejor unión
de ingredientes y sabores.

*Las versiones del origen de esta salsa son discutidas:
la más sugerente es, quizás, la de los soldados americanos
que en Roma, en 1945, pedían desayunar con huevos y bacon,
y los cocineros italianos produjeron para ellos este hallazgo
culinario. Como sea, hoy es favorita en todo el mundo.*

PREPARACIÓN *[de cocción rápida]*

Calentar una sartén grande con el aceite de oliva. Saltear el bacon
ahumado y dorar bien.

En la fuente en que vamos a servir, previamente calentada, batir
las yemas, luego agregar el queso parmesano, la crema, sal y abundante
pimienta negra y mezclar bien. Cocinar la pasta, colar y agregarla
a la sartén con el bacon y mezclar. Volcar todo en la fuente con la mezcla
de yemas y revolver bien para que éstas impregnen toda la pasta.
Nunca debe volver al fuego la pasta con la salsa, ya que se podrían
cocinar las yemas. Servir inmediatamente acompañado de queso extra
y pimienta negra.

Nuestra recomendación: *la receta clásica es "spaghetti alla carbonara", aunque
acompaña perfectamente cualquier pasta larga, tipo tagliatelle o fettuccine
(foto).*

A los cuatro quesos

INGREDIENTES Y MISE EN PLACE

50 g / 1 1/2 oz de mantequilla/
manteca

1 cda. de harina

1 taza de leche

50 g / 1 1/2 oz de queso azul*
desmenuzado

50 g / 1 1/2 oz de mascarpone
o queso crema

100 g / 3 1/2 oz de queso
parmesano rallado

50 g / 1 1/2 oz de gruyère**
rallado

200 ml de crema de leche

sal y pimienta

Rinde para 5-6 personas
[500 g / 17 oz de pasta]

* El queso azul ideal para esta receta
es el gorgonzola, por su suavidad,
aunque también se puede preparar
con roquefort u otro queso azul.

** El gruyère puede reemplazarse
por fontina, manchego o gouda.

"Ai quattro formaggi" se llama en Italia esta salsa que, según el país que la adopte, lleva diferentes combinaciones de quesos, aunque siempre habrá un queso azul, uno blanco, uno duro y uno semiduro. Muy rica y sustanciosa, es un plato para degustar con un excelente vino y una simple ensalada.

PREPARACIÓN   *[de tiempo intermedio]*

Derretir la mantequilla en una sartén, agregar la harina y revolver hasta que desaparezcan todos los grumos. Añadir la leche y revolver hasta que rompa el hervor y espese ligeramente. Agregar los quesos y continuar revolviendo, a fuego bajo, hasta que se fundan. Incorporar la crema y condimentar con sal y pimienta. En una fuente precalentada, volcar la pasta recién cocida y escurrida, con unas 3-4 cucharadas de agua de cocción e inmediatamente la salsa. Revolver muy bien para impregnar y servir enseguida, con queso parmesano extra.

Nuestra recomendación: esta salsa es perfecta para servir con pasta fresca, como ravioli o gnocchi. Aquí la presentamos con gnocchi tricolores: de calabaza, de espinaca y de ricota.